BEI GRIN MACHT SICH IHR WISSEN BEZAHLT

Das Leib-Seele-Problem im Kontext psycho-somatischer Erkrankungen. Die Rolle der Grundlagenfächer für die psychologische Praxis

GRIN ☺

Bibliografische Information der Deutschen Nationalbibliothek:

Die Deutsche Nationalbibliothek verzeichnet diese Publikation in der Deutschen Nationalbibliografie; detaillierte bibliografische Daten sind im Internet über http://dnb.d-nb.de abrufbar.

ISBN: 9783346541611
Dieses Buch ist auch als E-Book erhältlich.

© GRIN Publishing GmbH
Nymphenburger Straße 86
80636 München

Druck und Bindung: Books on Demand GmbH, Norderstedt Germany
Gedruckt auf säurefreiem Papier aus verantwortungsvollen Quellen

Das Buch bei GRIN: https://www.grin.com/document/1145394

SRH Fernhochschule – The Mobile University

Psychologie B.Sc.

Einführung in die Psychologie

Einsendeaufgabe zum Thema:

**Das Leib-Seele-Problem im Kontext psycho-somatischer Erkrankungen.
Die Rolle der Grundlagenfächer für die psychologische Praxis.
Psychologische Berufsfelder.**

Fachsemester: 1

Abgabedatum: 09.02.21

Inhaltsverzeichnis

Abkürzungsverzeichnis

Aufl.	Auflage
Bd.	Band
Berufsverband Deutscher Psychologinnen und Psychologen	BDP
d.h.	das heißt
DPG	Deutsche Psychoanalytische Gesellschaft
ebd.	ebenda
Hrsg.	Herausgeber
vgl.	vergleiche
z.B.	Zum Beispiel

Abbildungsverzeichnis

1. Aufgabe B1

1.1. Das „Leib-Seele"- Problem

Schon im 8. Jahrhundert vor Christus beschäftigte man sich mit verschiedenen „Seelenzuständen".[1] Obwohl Aristoteles Lehre über die Seele nicht mit der Auffassung der heutigen psychologischen Wissenschaft übereinstimmt, befasste er sich mit zentralen Themen wie der Wahrnehmung, dem Denken oder der Vernunft.[2] Er stellte sich Fragen nach der Funktion der Seele sowie dem Zusammenhang von Geist und Körper.[3] Schon damals thematisierte er ein bis heute nicht vollkommen gelöstes Problem[4] – nämlich das „Verhältnis von qualitativem Erleben und quantitativ messbarer Hirnaktivität"[5] – welches dem „Leib-Seele-Problem" der Psychologie entspricht.[6] Im Laufe der Zeit haben sich drei verschiedene Grundpositionen herausgebildet, die den Zusammenhang beziehungsweise die Eigenständigkeit von Leib und Seele beschreiben:[7]

- Idealismus
- Dualismus
- Monismus

---

[1] Vgl. Reuter, 2014, S. 32.
[2] Vgl. Reuter, 2014, S. 36.
[3] Vgl. Aristoteles & Corcilius, 2015, S. 3,5,9.
[4] Vgl. Aristoteles & Corcilius, 2015, S. 5; Reuter, 2014, S. 37.
[5] Reuter, 2014, S. 37.
[6] Vgl. Mühlfelder, 2017, S. 9.
[7] Vgl. Stangle, 2021.

1.1.1. Idealismus

Hier wird die Annahme vertreten, dass das Körperliche das Produkt oder die Erscheinungsweise des Geistigen ist.[8] Diese Annahme wird in der heutigen Philosophie jedoch kaum noch vertreten.[9]

1.1.2. Dualismus

Descartes betrachtete Leib und Seele als zwei voneinander getrennte Einheiten.[10] Dennoch ging er von einer Leib-Seele-Wechselwirkung aus.[11] So stehen Körper und Geist in einem gegenseitigen kausalen Verhältnis.[12]

1.1.3. Monismus

Der Monismus verschreibt das Verhältnis von Leib und Seele als eine Einheit.[13]

Unsere heutigen Beobachtungen mittels bildgebender Verfahren lassen auf einen klaren Zusammenhang zwischen Körper und Geist schließen.[14] Dennoch kann diese Verbindung bis heute nicht klar definiert werden.[15] Zwar können Hirnaktivität bei geistigen Tätigkeiten festgestellt werden, ob diese jedoch kausaler oder ursächlicher Natur sind, ist noch immer unklar.[16]

---

[8] Vgl. Stangle, 2021.
[9] Vgl. Stangle, 2021.
[10] Vgl. Perler, 1998, S. 169; Reuter, 2014, S. 73.
[11] Vgl. Reuter, 2014, S. 73-74.
[12] Vgl. Reuter, 2014, S. 73-74.
[13] Vgl. von Sury, 1967, S. 149.
[14] Vgl. Reuter, 2014, S. 77.
[15] Vgl. Reuter, 2014, S. 77.
[16] Vgl. Reuter, 2014, S. 77.

1.2. Die Entwicklung der psychosomatischen Medizin

Um die Betrachtungsweise unseres heutigen Verständnisses des Zusammenhangs von Leib und Seele zu verstehen, folgt in diesem Kapitel eine kurze Schilderung der Entwicklung der psychosomatischen Medizin.

Lange Zeit wurde der Mensch als Maschine betrachtet.[17] Viele Wissenschaftler vertraten eine dualistische Sichtweise[18] und der menschliche Körper wurde als eine physikalisch objektvierbare Größe angesehen.[19] Die medizinische Praxis war ebenso wie die Forschung von einer dualistischen Ansicht von Körper und Seele geprägt.[20] Charles Darwin erkannte schließlich die biologische Bedeutung von emotionalen Zuständen und Sigmund Freud erforschten den Einfluss seelischer Zustände bei der symptomatischen Krankheitsentwicklung.[21] Obgleich Freud selbst der Anwendung von psychoanalytischen Methoden kritisch gegenüberstand, wagte Paul Federn 1913 eine psychoanalytische Behandlung bei einem Patienten mit Asthma bronchiale.[22] Der Begriff „Psychosomatica" setzte sich schließlich Mitte des zwanzigsten Jahrhunderts durch.[23] Johann Christian August Heinroth war der erste Arzt seiner Zeit, der psychische Ursachen bei körperlichen Symptomen in Betracht zog.[24] Seit den dreißiger Jahren gilt die psychosomatische Medizin als Teil der Krankenversorgung und wird als wissenschaftliche Disziplin angesehen.[25]

1.3. Die Definition der Psychosomatik und der psychosomatischen Medizin

---

[17] Vgl. Beck, 2003, S. 45-46.
[18] Vgl. Stokvis, 1959, S. 77-80.
[19] Vgl. Beck, 2003, S. 45-46.
[20] Vgl. Beck, 2003, S. 46.
[21] Vgl. Beck, 2003, S. 47.
[22] Vgl. Beck, 2003, S. 48
[23] Vgl. Stokvis, 1959, S. 77.
[24] Vgl. Beck, 2003, S. 47; Fritzsche, 2020, S.4.
[25] Vgl. Fritzsche, 2020, S.4.

Um die Bedeutung des Leib-Seele-Problems für die Erklärung psycho-somatischer Erkrankungen zu verstehen, ist die Definition der Psychosomatik und der psychosomatischen Medizin wichtig.

Die Psychosomatik kennzeichnet die leib-seelische Ganzheit des Menschen.[26] Der Begriff setzt sich aus den altgriechischen Wörtern „psyche" (Hauch, Atem, Seele) und „soma" (Körper, Leib) zusammen.[27] Die psycho-somatische Medizin beschäftigt sich somit mit der wechselseitigen Dynamik von körperlichen, seelischen und sozialen Prozessen, welche bei der Entstehung, im Verlauf und bei der Bewältigung von Krankheiten eine Rolle spielen.[28] Gegenstand ist nicht nur ein somato-psychisches Verständnis von Krankheit und Gesundheit, sondern auch ein psycho-somatisches.[29]

1.4. Die Bedeutung des Leib-Seele-Problems für die Erklärung psycho-somatischer Erkrankungen

Wie aus den vorherigen Kapiteln hervorgegangen ist, ist das Leib-Seele-Problem ein Problem, das viele Wissenschaftler aus verschieden Zeiten beschäftigt hat. Ob ein monistisches oder dualistisches Verständnis des Zusammenhangs von Leib und Seele besteht (die idealistische Sichtweise wird hierzu nicht mehr herangezogen, da sie heutzutage eher weniger in der Wissenschaft vertreten wird), hat großen Einfluss auf die Erklärung psycho-somatischer Erkrankungen.

Während bei einer monistischen Sichtweise sowohl biologische, intrapsychische, interpersonelle als auch soziokulturelle Dimensionen bei der Erklärung von Krankheitsbildern mit einbezogen werden[30], werde bei der dualistischen Sichtweise Psyche und Körper als getrennte Dimensionen betrachtet, welche höchstens in einem kausalem Verhältnis zueinander stehen.[31] Sowohl körperliche Funktionsstörungen, deren Ursachen nicht rein organisch erklärbar

---

[26] Vgl. Eichenberg & Senf, 2020, S. 3.
[27] Vgl. Eichenberg & Senf, 2020, S. 3.
[28] Vgl. Fritzsche, 2020, S.4.
[29] Vgl. Eichenberg & Senf, 2020, S. 3.
[30] Vgl. Albus, 2020, S. 40; Fritzsche, 2020, S.5.
[31] Vgl. Fritzsche, 2020, S.4-5.

sind, als auch organische Erkrankungen, bei deren Entstehung und Verlauf psychosoziale Faktoren von Bedeutung sind, werden als psycho-somatische Erkrankungen verstanden.[32]

So spielt die monistische Sichtweise in der psycho-somatischen Medizin und Therapie eine bedeutende Rolle. Diese Bedeutung wird besonders bei konkreten Beispielen deutlich: Asthma bronchiale würde ein Mediziner, der eine dualistische Sichtweise vertritt, als allergische Reaktion auf einen Erreger beschreiben. Jedoch weiß man heute, dass psychischer Stress besonders bei Kindern Asthmaanfälle begünstigen kann.[33] So ist eine umfassende und vollständige Erklärung von Asthma bronchiale nur mit einer biopsychosozialen Sichtweise möglich.[34] Ebenso werden bei einer biopsychosozialen Anschauung der Erkrankung die möglichen Folgen und Einflüsse der Erkrankung für das Umfeld miteinbezogen.[35] So könnte beispielsweise die Mutter aus Angst um ihr an Asthma bronchiale erkranktes Kind eine Angststörung entwickeln. In der psycho-somatischen Medizin wird demnach nicht nur der erkrankte Körper betrachtet, sondern vielmehr der erkrankte Mensch inklusive dessen Umfeld.[36]

Das Leib-Seele-Problem ist daher ein Problem, dass sich über die Jahre immer mehr als wichtige Fragestellung in der Wissenschaft und Medizin herausgestellt hat. Wie das Verhältnis von Leib und Seele gesehen wird beeinflusst die Diagnose und Behandlung – ebenso den Erfolg beider - psycho-somatischer Erkrankungen.

---

[32] Vgl. Albus, 2020, S. 40.
[33] Vgl. Chen & Miller, 2007, S. 993-994; Chen et al., 2006, S. 1014-1015.
[34] Vgl. Fritzsche, 2020, S.4-5.
[35] Vgl. Fritzsche, 2020, S.4-5.
[36] Vgl. Albus, 2020, S. 40.

9

2. Aufgabe B2

2.1. Grundlagen- und Anwendungsfächer der Psychologie

Die Psychologie beinhaltet eine Reihe unterschiedlicher Fachrichtungen.[37] Die einzelnen Fachrichtungen werden in zwei Bereiche eingeteilt: Grundlagen und Anwendung.[38]

Die Grundlagen werden wiederum in zwei weitere Bereiche geteilt: Methodische und psychologische Grundlagen.[39] Zu den methodischen Grundlagen gehören die Experimentelle, die Verstehende und die Mathematische Psychologie, während die Allgemeine, die Biologische, die Sozial-, die Persönlichkeits- und die Entwicklungspsychologie zu den psychologischen Grundlagenfächern gezählt werden.[40] Ebenso gehören die Geschichte der Psychologie und die unterschiedlichen psychologischen Ansätze zu den Grundlagen.[41] Die Grundlagenforschung wird als reine Wissenschaft mit dem Ziel wissenschaftlich fundiertes Basiswissen zu vergrößern.[42]

In der Angewandten Forschen liegt der Fokus auf der Lösung konkreter Probleme.[43] Zu den psychologischen Anwendungsfächern gehören die Arbeits- und Organisationspsychologie, die Pädagogische Psychologie, die Markt- und Werbepsychologie, die Medien- und Kommunikationspsychologie, die Klinische

---

[37] Vgl. Myers, 2014, S. 11.
[38] Vgl. Myers, 2014, S. 11.
[39] Vgl. Schmithüsen & Ferring, 2014, S. 24.
[40] Vgl. Schmithüsen & Ferring, 2014, S. 24.
[41] Vgl. Schmithüsen & Ferring, 2014, S. 24.
[42] Vgl. Myers, 2014, S. 11.
[43] Vgl. Myers, 2014, S. 11.

Psychologie, die Gesundheitspsychologie, die Rehabilitationspsychologie, die Sportpsychologie, die Neuropsychologie, die Rechtspsychologie, die Umweltpsychologie und die Verkehrspsychologie.[44]

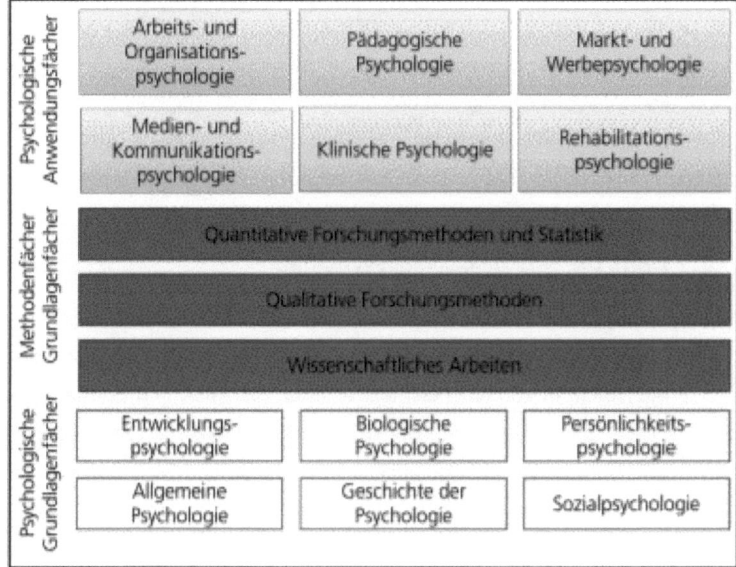

Abbildung 1 Aufbau psychologischer Studiengänge, untergliedert in Grundlagen-, Methoden- und Anwendungsfächer
(Quelle: Mühlfelder, M. (2017, März). Studienbrief: Einführung in die Psychologie (Titel-Nr. 1253-01) (1. Aufl.). SRH Fernhochschule. Abgerufen von https://fhsr.sharepoint.com/sites/files/content/material/1253/1253_INT.pdf)

2.2. Grundlagenwissenschaftliche Erkenntnisse in der praktischen Anwendung

Zu den Aufgaben der psychologischen Wissenschaft gehört das Beschreiben, Erklären, Vorhersagen und Einflussnehmen.[45] Ziel ist die Beschreibung und Erklären von Verhaltensweisen und deren zugrundeliegenden mentalen Prozesse[46] um durch diese Erkenntnisse zukünftige Verhaltensweisen vorherzusagen und diese positiv zu verändern.[47]

In den Grundlagenfächern werden zunächst Modelle und Gesetzmäßigkeiten zur Erklärung und Vorhersage des Verhaltens und Erlebens eines Individuums

---

[44] Vgl. Deutsche Gesellschaft für Psychologie, 2019.
[45] Vgl. Gerrig & Zimbardo, 2018, S. 5.
[46] Vgl. Myers, 2014, S. 11.
[47] Vgl. Schmithüsen & Ferring, 2014, S. 24.

aufgestellt.[48] In den Anwendungsfächer werden diese Erkenntnisse aufgegriffen und praxisorientiert genutzt.[49] So bilden die Grundlagenfächer die Basis für Probleme und Fragen der angewandten Psychologie.

Im Folgenden wird beispielhaft aufgezeigt, wie sich die Persönlichkeitspsychologie als grundlagenpsychologische Disziplin in der klinischen Psychologie in der Anwendung widerspiegelt.

2.2.1. Die Persönlichkeitspsychologie

In der Persönlichkeitspsychologie stehen die individuellen Besonderheiten von Menschen in körperlicher Erscheinung, Verhalten und Erleben im Zentrum der Forschung.[50] Die Persönlichkeit beschreibt die nichtpathologische inter- und intraindividuelle Individualität eines Menschen im Vergleich zu Individuen desselben Alters und derselben Kultur.[51] Als Persönlichkeitsmerkmale werden dabei zeitlich stabile Eigenschaften verstanden.[52] Persönlichkeitsmerkmale sind Konstrukte.[53] Sie sind nicht direkt messbar, sondern müssen durch eine Vielzahl von Indikatoren messbar gemacht werden.[54] So geben gemessene Daten, die aus dem Verhalten, indirekten Maßen, Beobachtungen, physiologische Daten, Einschätzungen Fremder oder Bekannter, ambulatorische Erhebungen oder Selbstbeschreibungen hervorgehen, Auskunft über die Affekte, das Verhalten, die Kognition und die Motivation eines Individuums.[55] Ziel der Persönlichkeitspsychologie ist es Persönlichkeitsvarianzen zu beschreiben und zu erklären und das Erleben und Verhalten im Zusammenhang mit der Persönlichkeit vorherzusagen und bei Bedarf die Modifikationen der Persönlichkeit.[56]

[48] Vgl. Myers, 2014, S. 11-12, Schmithüsen & Ferring, 2014, S. 24.
[49] Vgl. Myers, 2014, S. 11-12, Schmithüsen & Ferring, 2014, S. 24.
[50] Vgl. Asendorpf, 2018, S. 9.
[51] Vgl. Asendorpf, 2018, S. 9; Schmithüsen & Ferring, 2014, S. 288.
[52] Vgl. Asendorpf, 2018, S. 9.
[53] Vgl. Rauthmann, 2015, S. 13.
[54] Vgl. Rauthmann, 2015, S. 13.
[55] Vgl. Rauthmann, 2015, S. 13.
[56] Vgl. Schmithüsen & Ferring, 2014, S. 288.

2.2.2. Die Klinische Psychologie

Die Klinische Psychologie befasst sich mit psychischen Störungen und den psychischen Aspekten somatischer Störungen und Krankheiten.[57] Unter einer psychischen Störung versteht man das Auftreten von mehreren interkorrelierter, klinisch relevanten Verhaltens- oder Erlebensweisen, die mit außerordentlichem Leid und/oder eine Beeinträchtigung der Funktionsfähigkeit und Gesundheit einhergehen.[58] Ziel ist die Beschreibung, Erklärung, Klassifikation, Diagnostik, Prävention, Rehabilitation und Therapie psychischer Probleme.[59]

2.2.3. Die Erkenntnisse in der Persönlichkeitspsychologie in der klinischen Praxis

Wie bereits geschildert, wird in der Persönlichkeitspsychologie die Persönlichkeit, also die nichtpathologische Individualität eines Menschen, behandelt.[60] Dadurch ist das persönlichkeitspsychologische Wissen in vielfältiger Weise in der Anwendung bedeutsam.[61] In der klinischen Psychologie ist die Persönlichkeit eines Menschen besonders deswegen miteinzubeziehen, da Persönlichkeitseigenschaften die Wahrnehmung, die Urteilsfähigkeit in Bezug auf die eigene Person und die Beurteilung anderer Menschen beeinflusst.[62] So ist beispielsweise der Selbstwert und die Selbstkontrolle, sowie das soziale Verhalten, abhängig von der Persönlichkeit.[63] Intra- und interindividuellen Unterschiede der Persönlichkeit sind ebenso relevant für die Erklärung, Diagnostik und Vorhersage von psychischen Erkrankungen und Risikoverhalten,

---

[57] Vgl. Berking, 2012, S. 2.
[58] Vgl. Berking, 2012, S. 2-3.
[59] Vgl. Berking, 2012, S. 2-3.
[60] Vgl. Asendorpf, 2018, S. 9; Schmithüsen & Ferring, 2014, S. 288.
[61] Vgl. Asendorpf, 2018, S. 10-11.
[62] Vgl. Hensch & Strobel, 2011, S. 187.
[63] Vgl. Hensch & Strobel, 2011, S. 187.

für die Therapie- und Rückfallprognose und für die Auswahl der optimalen Therapiemethode.[64]

Ebenso konnte gezeigt werden, dass einige Persönlichkeitseigenschaften mit psychischen Störungen und Erkrankungen korrelieren.[65] So erhöhen hoher Neurotizismus, Introversion, Sensation-Seeking und ein geringes Selbstwertgefühl sowie Vermeidungsverhalten in Bezug auf aversive Erfahrungen das Risiko eine psychische Störung zu entwickeln.[66]

Die Psychotherapie ist ein Teilgebiet der Klinischen Psychologie.[67] In der Psychotherapie steht die Therapie von psychischen Erkrankungen, Verhaltens- und Persönlichkeitsstörungen und psychischen Leidenszuständen im Zentrum.[68] Dazu werden gezielte psychologische Methoden zur Reduktion und/oder Bewältigung psychopathologischer Erlebens- und Verhaltensmustern eingesetzt.[69] Aufgrund des oben beschriebenen großen Einflusses der Persönlichkeit auf die Wahrnehmung, das Verhalten und die Urteilsfähigkeit, ist der Einbezug der Persönlichkeit in die Psychotherapie wichtig.[70] Daher müssen die psychotherapeutische Maßnahmen und Therapiemethoden individuell auf die Persönlichkeit des Patienten/der Patientin abgestimmt werden.[71] Besonders in Bezug auf Persönlichkeitsstörung, die sehr therapieresistent sind, ist das grundlagenpsychologische Wissen der Persönlichkeitspsychologie von Bedeutung.[72]

Persönlichkeitspsychologische Grundlagen kommen in der klinischen Psychologie auch in der Diagnostik zum Einsatz.[73] Zur Diagnostik von Persönlichkeitsstörungen wird der ICD-10 verwendet.[74]

Am Beispiel der Persönlichkeitspsychologie und der klinischen Psychologiepraxis konnte die Relevanz der Grundlagenfächer für die psychologische Anwendung gezeigt werden.

---

[64] Vgl. Hensch & Strobel, 2011, S. 187.
[65] Vgl. Berking, 2012, S. 22.
[66] Vgl. Berking, 2012, S. 22.
[67] Vgl. Berking, 2012, S. 5.
[68] Vgl. Berking, 2012, S. 5.
[69] Vgl. Berking, 2012, S. 5.
[70] Vgl. Asendorpf, 2018, S. 12.
[71] Vgl. Asendorpf, 2018, S. 12.
[72] Vgl. Asendorpf, 2018, S. 12.
[73] Vgl. Wittchen & Hoyer, 2011, S. 391-393.
[74] Vgl. Asendorpf, 2018, S. 76.

3. Aufgabe 3

3.1. Erläuterung drei verschiedener psychologischer Berufsfelder

3.1.1. Berufsfeld des Klinischen Psychologen/der Klinischen Psychologin

Ein klinischer Psychologe/eine klinische Psychologin befasst sich mit psychischen Störungen und den psychischen Aspekten somatischer Störungen und Krankheiten.[75] Zu den Aufgaben eines klinischen Psychologen/einer klinischen Psychologin zählt die Beschreibung, Erklärung, Klassifikation, Diagnostik, Prävention, Rehabilitation und Therapie psychischer Erkrankungen und Störungen.[76]

Die Klinische Psychologie bietet viele verschiedene Tätigkeitsfelder und Branchen.[77] Darunter die Arbeit als psychologischer Psychotherapeut/psychologische Psychotherapeutin,[78] welches im Folgenden genauer betrachtet werden soll.

Der Beruf „Psychologischer Psychotherapeut/in" zählt zu den bundesrechtlich anerkannten psychotherapeutischen Gesundheitsberufen.[79]

Zu den Aufgaben eines psychologischen Psychotherapeuten/einer psychologischen Psychotherapeutin gehören die Diagnose, Beratung und Behandlung von psychologischen Erkrankungen oder Störungsbildern basierend

---

[75] Vgl. Berking, 2012, S. 2.
[76] Vgl. Berking, 2012, S. 2-3.
[77] Vgl. BERUFENET, o. D.
[78] Vgl. Berufsverband Deutscher Psychologinnen und Psychologen (BDP) e.V., 2017, S. 22.
[79] Vgl. Frodl, 2018, S. 449.

auf wissenschaftlich anerkannten psychotherapeutischen Verfahren.[80] Als psychologischer Psychotherapeut/ psychologische Psychotherapeutin kann man sowohl selbständig tätig sein als auch in psychiatrischen und psychosomatischen und auch in sozialen Einrichtungen.[81]

Die Arbeit eines psychologischen Psychotherapeuten/einer psychologischen Psychotherapeutin ist gesellschaftlich relevant, da durch ihre Arbeit die Behandlung, Rehabilitation und Rückfallprophylaxe erkrankter Menschen ermöglicht wird.[82] Wie auch ein Arzt/eine Ärztin tragen sie zum Wohlbefinden ihrer Patienten/Patientinnen bei und nehmen somit ebenso Einfluss auf gesellschaftliche, betriebliche und familiäre Konflikte.[83] Zudem können psychologische Psychotherapeuten/innen ihre Expertise in politische, öffentliche und betriebliche Zusammenhänge als Sachverständiger einbringen.[84]

3.1.2. Berufsfeld des Pädagogischen Psychologen/der Pädagogischen Psychologin

Die Pädagogische Psychologie beschäftigt sich mit der „Beschreibung und Erklärung menschlichen Erlebens Verhaltens in Erziehungs-, Lern- und Unterrichtssituationen."[85] Dabei werden sowohl institutionalisierte Lern- und Sozialisationsprozesse als auch familiäre und andere nichtinstitutionalisierte Konstellationen betrachtet.[86]

Ein Pädagogischer Psychologe/eine Pädagogische Psychologin kann in unterschiedlichen Bereichen tätig werden.[87] Als Pädagogischer Psychologe/Pädagogische Psychologin kann man eine beratende Tätigkeit in der Erziehungs- und Familien-, in der Schulpsychologischen oder in der Beratung

[80] Vgl. BDP e.V., 2017, S.22; Frodl, 2018, S. 452.
[81] Vgl. Mendius & Werther, 2015, S. 15.
[82] Vgl. BDP e.V., 2017, S.22.
[83] Vgl. BDP e.V., 2017, S.22.
[84] Vgl. BDP e.V., 2017, S.22.
[85] Krause, 2018, S. 148.
[86] Vgl. Krause, 2018, S. 148.
[87] Vgl. Dickhäuser & Spinath, 2017, S. 3.

öffentlicher und freier Bildungsträger übernehmen, aber auch in der Fort- und Weiterbildung und Forschung tätig werden.[88]

Im Folgenden wird auf die Tätigkeit als Schulpsychologischer Berater/in genauer eingegangen.

Zu den Aufgaben eines Schulpsychologen/einer Schulpsychologin gehört die Unterstützung von Lehr- und Schulleitungskräften, Schülern/Schülerinnen sowie deren Eltern in herausfordernden Situationen.[89] Dies kann in Form von Beratung und Aufklärung von Schülern/Schülerinnen und Eltern, Fortbildungen und Aufklärung von Lehrkräfte und Schulleitungen, Förderung von Schülern/Schülerinnen mit Lernschwächen oder Hochbegabung aber auch Früherkennung und Diagnostik von Lernschwächen oder psychischen Erkrankungen, sowie dem Erkennen problematischer Familienkonstellationen der Schüler geschehen.[90] Die psychologische Diagnostik und Beratung erfolgt auf Grundlage wissenschaftlicher psychologischer Erkenntnisse.[91] Ebenso übernehmen Schulpsychologen/Schulpsychologinnen einen wichtigen Teil der Systemberatung.[92] Hier tragen sie beispielsweise zur Schul- und Qualitätsentwicklung, Entwicklung von inklusiven Schulen, Prävention von Erkrankungen und Stressmanagement, Konfliktbewältigung als auch Gremienarbeit bei.[93]

Durch ihren Beitrag an unserm Bildungs- und Erziehungssystem erlangen Schulpsychologen eine große gesellschaftliche Relevanz. So helfen sie nicht nur Eltern und Lehrkräften im Umgang mit Schülern/Schülerinnen (beispielsweise mit einer Lern- oder Aufmerksamkeitsschwäche) als auch den Schülern/Schülerinnen selbst und tragen so maßgeblich zum Bildungserfolg und Wohlbefinden der Schüler/Schülerinnen, Eltern und Lehrkräften bei, sondern unterstützen durch Aufklärung und Prävention die Schüler/Schülerinnen beim Erkennen ihre Eigenverantwortung in Bezug auf Motivation, Selbstwirksamkeit, psychische Gesundheit und Lernerfolg.[94]

---

[88] Vgl. Krause, 2018, S. 148-149.
[89] Vgl. Dickhäuser, 2017, S. 23.
[90] Vgl. Dickhäuser, 2017, S. 23.
[91] Vgl. Dickhäuser, 2017, S. 23.
[92] Vgl. BDP e.V., 2017, S. 25.
[93] Vgl. BDP e.V., 2017, S. 25.
[94] Vgl. BDP e.V., 2017, S. 25.

3.1.3. Berufsfeld des Arbeits- und Organisationspsychologen/der Arbeits- und Organisationspsychologin

Arbeits- und Organisationspsychologen/Arbeits- und Organisationspsychologinnen beschäftigen sich mit dem Erleben und Verhalten von Menschen am Arbeitsplatz und im organisationalem Kontext und versuchen dieses zu beschreiben, zu erklären, vorherzusagen und zu beeinflussen.[95] Der Fokus liegt dabei auf den Faktoren, die ein gutes Arbeitsklima, zum Beispiel die Arbeitsumgebung, die Arbeitsform, die Teamgestaltung, Führungsqualitäten und ähnliches fördern oder beeinträchtigen.[96] In der Arbeits- und Organisationspsychologie gibt es viele verschiedene Tätigkeitsfelder.[97] Es werden grundsätzlich drei Tätigkeitsbereiche unterschieden: Die Arbeitspsychologie, die Personalpsychologie und die Organisationspsychologie.[98]

Im Folgenden wird auf die Tätigkeit als Organisationspsychologe/Organisationspsychologin genauer eingegangen. Die zentrale Aufgabe eines Organisationspsychologen/einer Organisationspsychologin ist es, Organisationen durch die Gestaltung und Veränderung von verschieden Organisationselementen beim Erreichen ihrer Ziele zu unterstützen.[99] Diese Elemente können zum einen Variablen wie die Organisationsstrategie, -strukturen und -prozesse, aber auch die Gestaltung von Arbeitsplatz und Arbeitsabläufen sein.[100] Zum anderen kann eine Organisation auch als soziales System betrachtet werden, weshalb in der Organisationspsychologie auch Schlüsselakteure wie das Management und Führungskräfte auf verschieden Hierarchiestufen der Organisation, aber auch die Mitarbeiter im Kontext des Teams, eine Rolle spielen.[101] Zu den Aufgaben des Organisationspsychologen/ der Organisationspsychologin gehört die

---

[95] Vgl. Kauffeld, 2018, S. 1.
[96] Vgl. Schaper, 2018, S. 4-5.
[97] Vgl. Mendius & Werther, 2018, S. 78.
[98] Vgl. BDP e.V., 2017, S. 35.
[99] Vgl. Stephany, 2018, S. 100.
[100] Vgl. Stephany, 2018, S. 100.
[101] Vgl. Stephany, 2018, S. 100.

Organisationsentwicklung und -beratung, sowie die Analyse und Optimierung der Organisationskultur, -struktur und des Organisationsklimas.[102]

Die Organisationspsychologie ist von gesellschaftlicher Relevanz, da sie sich mit wichtigen gesellschaftlichen Themen im organisationalen Kontext auseinandersetzt, darunter Themen wie der Gleichstellung der Geschlechter, Diversität der Mitarbeiter und Führungskräfte sowie dem demografische Wandel.[103] Ebenso stellt die Digitalisierung und Automatisierung eine Herausforderung sowohl für profitorientierte, wie die Industrie, das Handwerk und die Dienstleistung, als auch für Non-profit-Organisationen, wie Krankenhäuser, Universitäten und andere, dar.[104] Durch die Einflussnahme der Organisationspsychologen/Organisationspsychologinnen auf die Organisationskultur, -struktur und das Organisationsklima[105] kann die Zufriedenheit der Mitarbeit und Führungskräfte sowie die in Verbindung stehenden Gruppen, wie Kunden, Patienten und ähnliche, optimiert werden.[106]

3.2. Wichtige Kompetenzen eines professionellen Psychologen/einer professionellen Psychologin

Das Oberlandesgericht Schleswig entschied 2016, dass der Titel „Psychologe/Psychologin" nur Personen tragen dürfen, die ein Psychologiestudium abgeschlossen habe.[107] In vielen Berufsfelder der Psychologie ist ein spezialisierter Master zwingen erforderlich, um die nötigen Kompetenzen für das gewählte Arbeitsfeld der Psychologie mitzubringen.[108] Viele Kompetenzen werden im Bachelor nur angeschnitten, weshalb eine Spezialisierung beispielsweise in der Klinischen Psychologie oder Arbeits- und Organisationspsychologie erforderlich ist, um in diesem Bereich tätig zu

---

[102] Vgl. Kauffeld, 2018, S. 4-5.
[103] Vgl. BDP e.V., 2017, S. 35.
[104] Vgl. Bajwa & König, 2017, S. 4; Kauffeld, 2018, S. 4.
[105] Vgl. Kauffeld, 2018, S. 4-5.
[106] Vgl. Kauffeld, Wesemann & Lehmann-Willenbrock, 2014, S. 5.
[107] Vgl. Frederichs & Lang, 2018, S. 15.
[108] Vgl. Mendius & Werther, 2018b, S. 11.

werden.[109] Daher lehrt ein Studium mit Schwerpunkt auf den gewählten Fachgebiet hinreichende Kompetenzen um als professioneller Psychologe/professionelle Psychologin tätig zu werden.[110]

Wie bereits in den vorherigen Kapiteln beschrieben beschäftigt sich die psychologische Wissenschaft mit dem Beschreiben, dem Erklären und dem Vorhersagen von menschlichem Erleben und Verhalten in verschiedenen Kontexten und Lebensphasen.[111] In der psychologischen Praxis wird anhand der Erkenntnisse versucht Einfluss auf das Verhalten und Erleben der Individuen zu nehmen und so positive Veränderung für Einzelpersonen, Gruppen und Organisationen zu erzielen.[112] Besonders das universitäre Studium der Psychologie legt großen Wert auf das Erlernen von empirischen Forschungsmethoden und auf die empirische Datenerheben[113] um deskriptive, explikative sowie induktive und deduktive Kompetenzen zu beherrschen.[114] Ein professioneller Psychologe/eine professionelle Psychologie sollte daher sowohl quantitative als auch qualitative Methoden der Datenerhebung beherrschen.[115] Er/sie sollte daher in der Lage sein wissenschaftlich zu arbeiten und statistische Verfahren zu verstehen, das heißt bloße Meinungen und Behauptungen von wissenschaftlich fundierten Erkenntnissen und gute und schlechte Forschungsergebnisse unterscheiden zu können, sowie die Sammlung, Interpretation und Auswertung von Daten.[116]

Für die Arbeit in der psychologischen Forschung ist es zudem wichtig, Hypothesen aufstellen zu können, systematische Beobachtungen durchzuführen und somit allgemeingültige Erkenntnisse und Theorien zu formulieren, welche den wissenschaftlichen Gütekriterien entsprechen.[117]

Viele Psychologen/Psychologinnen führen beratende Tätigkeiten aus.[118] Für die meisten Tätigkeitsfelder im beratenden Bereich, wie zum Beispiel als psychologischer Psychotherapeut, Supervisor oder Unternehmensberater, ist

---

[109] Vgl. Frederichs & Lang, 2018, S. 13-15.
[110] Vgl. Mendius & Werther, 2018b, S. 11-12.
[111] Vgl. Gerrig & Zimbardo, 2018, S. 5.
[112] Vgl. Schmithüsen & Ferring, 2014, S. 24.
[113] Vgl. Mendius & Werther, 2018b, S. 9-10.
[114] Vgl. Schäfer, 2016, S. 1.
[115] Vgl. Schäfer, 2016, S. 15.
[116] Vgl. Schäfer, 2016, S. 1-2.
[117] Vgl. Schäfer, 2016, S. 5.
[118] Vgl. Schubert, Rohr & Zwicker-Pelzer, 2019, S. 11.

eine Aus- oder Weiterbildung notwendig um geeignete Beratungsansätze zu erlernen.[119] Als psychologischer Berater/psychologische Beraterin ist neben der individuellen Fachkompetenz und dem beherrschen geeigneter Methoden und Techniken auch Sozial- und Kommunikationskompetenz, sowie die die Fähigkeit, Problem und Konflikte lösungsorientiert zu betrachten gefragt.[120]

---

[119] Vgl. Schubert, Rohr & Zwicker-Pelzer, 2019, S. 263-264.
[120] Vgl. BDP e.V., 2017, S. 28. Schubert, Rohr & Zwicker-Pelzer, 2019, S. 246-247, 251-252.

Literaturverzeichnis

Albus, C. (2020). Grundkonzepte der psychosomatischen Medizin. In G.

  Titscher & C. Herrmann-Lingen (Hrsg.), *Psychokardiologie* (3. Aufl., S.

  39–47). Berlin, Deutschland: Springer.

Aristoteles & Corcilius, K. (2017). *Über die Seele. De anima: Griechisch-*

  Deutsch (Philosophische Bibliothek 681) (1. Aufl.). Hamburg,

  Deutschland: Felix Meiner Verlag.

Asendorpf, J. B. (2018). *Persönlichkeitspsychologie für Bachelor* (4. Aufl.).

  Berlin, Deutschland: Springer.

Bajwa, N. H. & König, C. J. (2017). Ziel dieses Buchs. In *Karriereperspektiven*

  in der Arbeits- und Organisationspsychologie (S. 1–6). Heidelberg,

  Deutschland: Springer.

Becker-Carus, C. & Wendt, M. (2017). *Allgemeine Psychologie.* (M. Lay, Hrsg.)

  (2., vollständig überarbeitete und erweiterte Neuauflage Aufl.). Berlin,

  Deutschland: Springer Publishing.

Berking, M. (2012). Was ist die Klinische Psychologie? In W. Rief (Hrsg.),

  Klinische Psychologie und Psychotherapie für Bachelor (Bd. I:

  Grundlagen und Störungswissen, S. 1–8). Berlin Heidelber, Deutschland:

  Springer.

Berufsverband Deutscher Psychologinnen und Psychologen (BDP) e.V. (2017).

Beruftsbild Psychologie - Psychologische Tätigkeitsfelder (4.

überarbeitete und ergänzte Auflage, Bd. 11). Abgerufen von

https://www.bdp-verband.de/binaries/content/assets/beruf/berufsbild.pdf

Birbaumer, N. & Schmidt, R. F. (2010). Biologische Psychologie (7., vollst.

überarb. u. ergänzte Aufl. 2010 Aufl.). Heidelberg, Deutschland: Springer

Medizin Verlag.

Chen, E., Hanson, M. D., Paterson, L. Q., Griffin, M. J., Walker, H. A. & Miller,

G. E. (2006). Socioeconomic status and inflammatory processes in

childhood asthma: The role of psychological stress. Journal of Allergy

and Clinical Immunology, 117(5), 1014–1020.

https://doi.org/10.1016/j.jaci.2006.01.036

Chen, E. & Miller, G. E. (2007). Stress and inflammation in exacerbations of

asthma. Brain, Behavior, and Immunity, 21(8), 993–999.

https://doi.org/10.1016/j.bbi.2007.03.009

Dickhäuser, C. (2017). Schulpsychologie. In O. Dickhäuser & B. Spinath

(Hrsg.), Berufsfelder der Pädagogischen Psychologie (S. 21–34). Berlin,

Deutschland: Springer.

Dickhäuser, O. & Spinath, B. (2017). Einleitung: Arbeitsfelder der

Pädagogischen Psychologie. In Berufsfelder der Pädagogischen

Psychologie (S. 1–4). Berlin, Deutschland: Springer.

Eichenberg, C. & Senf, W. (2020). Einführung Klinische Psychosomatik (Bd.

PsychoMed compact-Band 11). Stuttgart, Deutschland: UTB.

Fischer, P., Jander, K. & Krueger, J. (2018). *Sozialpsychologie für Bachelor* (2. Aufl.). Berlin, Deutschland: Springer.

Frederichs, J. & Lang, F. (2018). Titelschutz der Berufsbezeichnung „Psychologin" bzw. „Psychologe". In M. Mendius & S. Werther (Hrsg.), *Faszination Psychologie – Berufsfelder und Karrierewege (German Edition)* (2. Aufl., S. 13–15). Berlin, Deutschland: Springer.

Frodl, A. (2018). *Gesundheitsberufe im Einsatz.* Wiesbaden, Deutschland: Springer Gabler.

Gerrig, R. J. & Zimbardo, P. G. (2018). *Psychologie* (21. Aufl.). München, Deutschland: Pearson Studium.

Hensch, T. & Strobel, A. (2011). Differentiellpsychologische Aspekte und ihr Nutzen für die Klinische Psychologie. In H. U. Wittchen & J. Hoyer (Hrsg.), *Klinische Psychologie & Psychotherapie* (2. Aufl., S. 169–190). Berlin Heidelberg, Deutschland: Springer.

Kauffeld, S. (2018). Einführung in die Arbeits-, Organisations- und Personalpsychologie. In *Arbeits-, Organisations- und Personalpsychologie für Bachelor* (S. 1–20). Berlin, Deutschland: Springer.

Kauffeld, S., Wesemann, S. & Lehmann-Willenbrock, N. (2014). Organisation. In *Arbeits-, Organisations- und Personalpsychologie für Bachelor* (2. Aufl., S. 47–72). Berlin, Deutschland: Springer.

Krause, M. (2018). Grundsätzliches zum Studium der Pädagogischen

Psychologie. In M. Mendius & S. Werther (Hrsg.), *Faszination*

Psychologie – Berufsfelder und Karrierewege (German Edition) (2. Aufl.,

S. 148–151). Berlin, Deutschland: Springer.

Lohaus, A. & Vierhaus, M. (2019). *Entwicklungspsychologie des Kindes- und*

Jugendalters für Bachelor (4. Aufl.). Berlin, Deutschland: Springer.

Mendius, M. & Werther, S. (2015). *Berufliche Karrierewege nach dem*

Psychologiestudium: Ein Kurzüberblick für Studierende der Psychologie

und Interessierte (essentials) (German Edition) (2015. Aufl.). Wiesbaden,

Deutschland: Springer Fachmedien.

Mendius, M. & Werther, S. (2018a). Grundsätzliches zum Studium der

Wirtschaftspsychologie. In *Faszination Psychologie – Berufsfelder und*

Karrierewege (German Edition) (2. Aufl., S. 75–81). Wiesbaden,

Deutschland: Springer Gabler.

Mendius, M. & Werther, S. (2018b). Überblick über Studienabschlüsse. In

Faszination Psychologie – Berufsfelder und Karrierewege (German

Edition) (2. Aufl. 2019 Aufl., S. 8–13). Wiesbaden, Deutschland: Springer

Fachmedien.

Mühlfelder, M. (2017, März). *Studienbrief: Einführung in die Psychologie (Titel-*

Nr. 1253-01) (1. Aufl.). SRH Fernhochschule. Abgerufen von

https://fhsr.sharepoint.com/sites/files/content/material/1253/1253_INT.pdf

Müsseler, J., Rieger, M. & Prinz, W. (2016). Einleitung - Psychologie als Wissenschaft. In M. Lay (Hrsg.), *Allgemeine Psychologie* (3. Aufl., S. 1– 12). Berlin Heidelberg, Deutschland: Springer.

Myers, D. G. (2014). *Psychologie* (3. Aufl.). Berlin Heidelberg, Deutschland: Springer.

Perler, D. (1998). *René Descartes*. München, Deutschland: Beck.

Rauthmann, J. F. (2015). *Grundlagen der Differentiellen und Persönlichkeitspsychologie*. Wiesbaden, Deutschland: Springer Fachmedien.

Renneberg, B. & Lippke, S. (2006). Inhalte der Gesundheitspsychologie, Definition und Abgrenzung von Nachbarfächern. In P. Hammelstein (Hrsg.), *Gesundheitspsychologie* (2006. Aufl., S. 3–6). Heidelberg, Deutschland: Springer Medizin Verlag.

Reuter, H. (2014). *Geschichte der Psychologie*. Göttingen, Deutschland: Hogrefe Verlag.

Schäfer, T. (2016). *Methodenlehre und Statistik*. Wiesbaden, Deutschland: Springer Fachmedien.

Schaper, N. (2018). Selbstverständnis, Gegenstände und Aufgaben der Arbeits- und Organisationspsychologie. In F. W. Nerdinger, G. Blickle & M. Solga (Hrsg.), *Arbeits- und Organisationspsychologie* (4. Aufl., S. 3–17). Berlin , Deutschland: Springer.

Schmithüsen, F. & Ferring, D. (2014). Allgemeine Psychologie. In G. Steffgen,

G. Krampen & F. Anton (Hrsg.), *Lernskript Psychologie* (S. 21–90). Berlin

Heidelberg, Deutschland: Springer.

Schubert, F., Rohr, D. & Zwicker-Pelzer, R. (2019). *Beratung: Grundlagen –*

Konzepte – Anwendungsfelder (Basiswissen Psychologie) (German

Edition) (1. Aufl. 2019 Aufl.). Wiesbaden, Deutschland: Springer

Fachmedien.

Sokolowski, K. (2013). *Allgemeine Psychologie für Studium und Beruf.*

München, Deutschland: Pearson Studium.

Stephany, U. (2018). Tätigkeit als Organisationspsychologe. In M. Mendius & S.

Werther (Hrsg.), *Faszination Psychologie – Berufsfelder und*

Karrierewege (German Edition) (2. Aufl., S. 100–112). Berlin,

Deutschland: Springer.

Stokvis, B. (1959). Psycho-somatische Erkrankung als leibseelisches

Phänomen. *Zeitschrift für Psycho-somatische Medizin, 5*(2), 77–80.

Abgerufen von https://www.jstor.org/stable/23987993

von Sury, K. (1967). *Wörterbuch der Psychologie und ihrer Grenzgebiete.*

Basel/Stuttgart, Deutschland: Schwabe & Co.

Wittchen, H. U. & Hoyer, J. (2011). Diagnostische Prozesse in der Klinischen

Psychologie und Psychotherapie. In *Klinische Psychologie &*

Psychotherapie (2. Aufl., S. 383–417). Berlin Heidelberg, Deutschland:

Springer.

Internetquellen

BERUFENET. (o. D.). Klinische/r Psychologe/Psychologin Tätigkeit nach

Studium. Abgerufen am 2. Februar 2021, von

https://berufenet.arbeitsagentur.de/berufenet/faces/index?path=null/kurz

beschreibung/taetigkeitsinhalte&dkz=9768&such=Klinische%2Fr+Psycho

loge%2FPsychologin

Deutsche Gesellschaft für Psychologie. (2019, 28. Mai). Psychologiestudium -

Aufbau. Abgerufen am 19. Januar 2021, von

https://studium.dgps.de/infos-zum-studium/faecher-im-psychologie-

studium/

Deutsche Gesellschaft für Psychologie. (o. D.). Übersicht der Fachgruppen.

Abgerufen am 20. Januar 2021, von

https://www.dgps.de/index.php?id=48

Deutsche Psychoanalytische Gesellschaft. (2020, 17. Dezember). Geschichte-

Personen-Krankheitsmodelle. Abgerufen am 18. Januar 2021, von

https://dpg-psa.de/Geschichte_4.html

Stangl, W. (2021). Idealismus. Abgerufen am 12. Januar 2021, von

https://lexikon.stangl.eu/3630/idealismus/

Stangle, W. (2021). Leib-Seele-Problem. Abgerufen am 12. Januar 2021, von

https://lexikon.stangl.eu/8548/leib-seele-problem/